A
B
C
D
E

F
G
H
I
J

K
L
M
N
O

P
Q
R
S
T

U
V
W
X
Y
Z

A

name _____
address _____
_____
home phone _____ mobile _____
email _____

name _____
address _____
_____
home phone _____ mobile _____
email _____

name _____
address _____
_____
home phone _____ mobile _____
email _____

name _____
address _____
_____
home phone _____ mobile _____
email _____

name _____
address _____
_____
home phone _____ mobile _____
email _____

Hand-coloured illustration of *Chrysanthemum* 'Starry Purple Chinese' drawn and engraved by William Clark (fl 1820s), 1826

A

name _____
address _____
_____
home phone _____ mobile _____
email _____

name _____
address _____
_____
home phone _____ mobile _____
email _____

name _____
address _____
_____
home phone _____ mobile _____
email _____

name _____
address _____
_____
home phone _____ mobile _____
email _____

name _____
address _____
_____
home phone _____ mobile _____
email _____

A

name _____
address _____
_____
home phone _____ mobile _____
email _____

name _____
address _____
_____
home phone _____ mobile _____
email _____

name _____
address _____
_____
home phone _____ mobile _____
email _____

name _____
address _____
_____
home phone _____ mobile _____
email _____

name _____
address _____
_____
home phone _____ mobile _____
email _____

A

name _____
address _____
_____
home phone _____ mobile _____
email _____

name _____
address _____
_____
home phone _____ mobile _____
email _____

name _____
address _____
_____
home phone _____ mobile _____
email _____

name _____
address _____
_____
home phone _____ mobile _____
email _____

name _____
address _____
_____
home phone _____ mobile _____
email _____

A

name _____
address _____
_____
home phone _____ mobile _____
email _____

name _____
address _____
_____
home phone _____ mobile _____
email _____

name _____
address _____
_____
home phone _____ mobile _____
email _____

name _____
address _____
_____
home phone _____ mobile _____
email _____

name _____
address _____
_____
home phone _____ mobile _____
email _____

B

name _____
address _____
_____
home phone _____ mobile _____
email _____

name _____
address _____
_____
home phone _____ mobile _____
email _____

name _____
address _____
_____
home phone _____ mobile _____
email _____

name _____
address _____
_____
home phone _____ mobile _____
email _____

name _____
address _____
_____
home phone _____ mobile _____
email _____

B

name _____
address _____
_____
home phone _____ mobile _____
email _____

name _____
address _____
_____
home phone _____ mobile _____
email _____

name _____
address _____
_____
home phone _____ mobile _____
email _____

name _____
address _____
_____
home phone _____ mobile _____
email _____

name _____
address _____
_____
home phone _____ mobile _____
email _____

B

name _____

address _____

_____

home phone _____ mobile _____

email _____

name _____

address _____

_____

home phone _____ mobile _____

email _____

name _____

address _____

_____

home phone _____ mobile _____

email _____

name _____

address _____

_____

home phone _____ mobile _____

email _____

name _____

address _____

_____

home phone _____ mobile _____

email _____

B

name _____
address _____
_____
home phone _____ mobile _____
email _____

name _____
address _____
_____
home phone _____ mobile _____
email _____

name _____
address _____
_____
home phone _____ mobile _____
email _____

name _____
address _____
_____
home phone _____ mobile _____
email _____

name _____
address _____
_____
home phone _____ mobile _____
email _____

B

name _____
address _____
_____

home phone _____ mobile _____
email _____

name _____
address _____
_____

home phone _____ mobile _____
email _____

name _____
address _____
_____

home phone _____ mobile _____
email _____

name _____
address _____
_____

home phone _____ mobile _____
email _____

name _____
address _____
_____

home phone _____ mobile _____
email _____

Watercolour of *Punica granatum* (pomegranate) blossom and leaves by an unidentified Chinese artist. Early 19th century

C

name _____

address _____

_____

home phone _____ mobile _____

email _____

name _____

address _____

_____

home phone _____ mobile _____

email _____

name _____

address _____

_____

home phone _____ mobile _____

email _____

name _____

address _____

_____

home phone _____ mobile _____

email _____

name _____

address _____

_____

home phone _____ mobile _____

email _____

C

name _____
address _____
_____
home phone _____ mobile _____
email _____

name _____
address _____
_____
home phone _____ mobile _____
email _____

name _____
address _____
_____
home phone _____ mobile _____
email _____

name _____
address _____
_____
home phone _____ mobile _____
email _____

name _____
address _____
_____
home phone _____ mobile _____
email _____

C

name _____

address _____

_____

home phone _____ mobile _____

email _____

name _____

address _____

_____

home phone _____ mobile _____

email _____

name _____

address _____

_____

home phone _____ mobile _____

email _____

name _____

address _____

_____

home phone _____ mobile _____

email _____

name _____

address _____

_____

home phone _____ mobile _____

email _____

C

name _____
address _____
_____
home phone _____ mobile _____
email _____

name _____
address _____
_____
home phone _____ mobile _____
email _____

name _____
address _____
_____
home phone _____ mobile _____
email _____

name _____
address _____
_____
home phone _____ mobile _____
email _____

name _____
address _____
_____
home phone _____ mobile _____
email _____

D

name _____
address _____
_____
home phone _____ mobile _____
email _____

name _____
address _____
_____
home phone _____ mobile _____
email _____

name _____
address _____
_____
home phone _____ mobile _____
email _____

name _____
address _____
_____
home phone _____ mobile _____
email _____

name _____
address _____
_____
home phone _____ mobile _____
email _____

D

name _____

address _____

_____

home phone _____ mobile _____

email _____

name _____

address _____

_____

home phone _____ mobile _____

email _____

name _____

address _____

_____

home phone _____ mobile _____

email _____

name _____

address _____

_____

home phone _____ mobile _____

email _____

name _____

address _____

_____

home phone _____ mobile _____

email _____

D

name _____
address _____
_____
home phone _____ mobile _____
email _____

name _____
address _____
_____
home phone _____ mobile _____
email _____

name _____
address _____
_____
home phone _____ mobile _____
email _____

name _____
address _____
_____
home phone _____ mobile _____
email _____

name _____
address _____
_____
home phone _____ mobile _____
email _____

D

name _____
address _____
_____
home phone _____ mobile _____
email _____

name _____
address _____
_____
home phone _____ mobile _____
email _____

name _____
address _____
_____
home phone _____ mobile _____
email _____

name _____
address _____
_____
home phone _____ mobile _____
email _____

name _____
address _____
_____
home phone _____ mobile _____
email _____

E

name _____

address _____

_____

home phone _____ mobile _____

email _____

name _____

address _____

_____

home phone _____ mobile _____

email _____

name _____

address _____

_____

home phone _____ mobile _____

email _____

name _____

address _____

_____

home phone _____ mobile _____

email _____

name _____

address _____

_____

home phone _____ mobile _____

email _____

E

name _____
address _____
_____
home phone _____ mobile _____
email _____

name _____
address _____
_____
home phone _____ mobile _____
email _____

name _____
address _____
_____
home phone _____ mobile _____
email _____

name _____
address _____
_____
home phone _____ mobile _____
email _____

name _____
address _____
_____
home phone _____ mobile _____
email _____

E

name _____

address _____

_____

home phone _____ mobile _____

email _____

name _____

address _____

_____

home phone _____ mobile _____

email _____

name _____

address _____

_____

home phone _____ mobile _____

email _____

name _____

address _____

_____

home phone _____ mobile _____

email _____

name _____

address _____

_____

home phone _____ mobile _____

email _____

E

name _____
address _____
_____
home phone _____ mobile _____
email _____

name _____
address _____
_____
home phone _____ mobile _____
email _____

name _____
address _____
_____
home phone _____ mobile _____
email _____

name _____
address _____
_____
home phone _____ mobile _____
email _____

name _____
address _____
_____
home phone _____ mobile _____
email _____

F

Name _____
Address _____
_____
Home phone _____ mobile _____
Email _____

Name _____
Address _____
_____
Home phone _____ mobile _____
Email _____

Name _____
Address _____
_____
Home phone _____ mobile _____
Email _____

Name _____
Address _____
_____
Home phone _____ mobile _____
Email _____

Name _____
Address _____
_____
Home phone _____ mobile _____
Email _____

Watercolour on rice paper of plant identified as *Campsis grandiflora* by anonymous Chinese artist.
19th century

F

name _____
address _____
_____
home phone _____ mobile _____
email _____

name _____
address _____
_____
home phone _____ mobile _____
email _____

name _____
address _____
_____
home phone _____ mobile _____
email _____

name _____
address _____
_____
home phone _____ mobile _____
email _____

name _____
address _____
_____
home phone _____ mobile _____
email _____

F

name _____
address _____
_____
home phone _____ mobile _____
email _____

name _____
address _____
_____
home phone _____ mobile _____
email _____

name _____
address _____
_____
home phone _____ mobile _____
email _____

name _____
address _____
_____
home phone _____ mobile _____
email _____

name _____
address _____
_____
home phone _____ mobile _____
email _____

F

name _____
address _____
_____
home phone _____ mobile _____
email _____

name _____
address _____
_____
home phone _____ mobile _____
email _____

name _____
address _____
_____
home phone _____ mobile _____
email _____

name _____
address _____
_____
home phone _____ mobile _____
email _____

name _____
address _____
_____
home phone _____ mobile _____
email _____

F

Name _____
Address _____
_____
Home phone _____ mobile _____
Email _____

Name _____
Address _____
_____
Home phone _____ mobile _____
Email _____

Name _____
Address _____
_____
Home phone _____ mobile _____
Email _____

Name _____
Address _____
_____
Home phone _____ mobile _____
Email _____

Name _____
Address _____
_____
Home phone _____ mobile _____
Email _____

G

name _____
address _____
_____
home phone _____ mobile _____
email _____

name _____
address _____
_____
home phone _____ mobile _____
email _____

name _____
address _____
_____
home phone _____ mobile _____
email _____

name _____
address _____
_____
home phone _____ mobile _____
email _____

name _____
address _____
_____
home phone _____ mobile _____
email _____

G

name _____
address _____
_____
home phone _____ mobile _____
email _____

name _____
address _____
_____
home phone _____ mobile _____
email _____

name _____
address _____
_____
home phone _____ mobile _____
email _____

name _____
address _____
_____
home phone _____ mobile _____
email _____

name _____
address _____
_____
home phone _____ mobile _____
email _____

G

name _____
address _____
_____
home phone _____ mobile _____
email _____

name _____
address _____
_____
home phone _____ mobile _____
email _____

name _____
address _____
_____
home phone _____ mobile _____
email _____

name _____
address _____
_____
home phone _____ mobile _____
email _____

name _____
address _____
_____
home phone _____ mobile _____
email _____

G

name _____

address _____

_____

home phone _____ mobile _____

email _____

name _____

address _____

_____

home phone _____ mobile _____

email _____

name _____

address _____

_____

home phone _____ mobile _____

email _____

name _____

address _____

_____

home phone _____ mobile _____

email _____

name _____

address _____

_____

home phone _____ mobile _____

email _____

H

name _____
address _____
_____
home phone _____ mobile _____
email _____

name _____
address _____
_____
home phone _____ mobile _____
email _____

name _____
address _____
_____
home phone _____ mobile _____
email _____

name _____
address _____
_____
home phone _____ mobile _____
email _____

name _____
address _____
_____
home phone _____ mobile _____
email _____

H

name _____
address _____
_____
home phone _____ mobile _____
email _____

name _____
address _____
_____
home phone _____ mobile _____
email _____

name _____
address _____
_____
home phone _____ mobile _____
email _____

name _____
address _____
_____
home phone _____ mobile _____
email _____

name _____
address _____
_____
home phone _____ mobile _____
email _____

H

name _____
address _____
_____
home phone _____ mobile _____
email _____

name _____
address _____
_____
home phone _____ mobile _____
email _____

name _____
address _____
_____
home phone _____ mobile _____
email _____

name _____
address _____
_____
home phone _____ mobile _____
email _____

name _____
address _____
_____
home phone _____ mobile _____
email _____

Watercolour on rice paper of plant identified as *Dombeya actangula* by anonymous Chinese artist, circa 1900

H

name _____

address _____
_____

home phone _____ mobile _____

email _____

name _____

address _____
_____

home phone _____ mobile _____

email _____

name _____

address _____
_____

home phone _____ mobile _____

email _____

name _____

address _____
_____

home phone _____ mobile _____

email _____

name _____

address _____
_____

home phone _____ mobile _____

email _____

H

name _____
address _____
_____
home phone _____ mobile _____
email _____

name _____
address _____
_____
home phone _____ mobile _____
email _____

name _____
address _____
_____
home phone _____ mobile _____
email _____

name _____
address _____
_____
home phone _____ mobile _____
email _____

name _____
address _____
_____
home phone _____ mobile _____
email _____

name _____
address _____
_____
home phone _____ mobile _____
email _____

name _____
address _____
_____
home phone _____ mobile _____
email _____

name _____
address _____
_____
home phone _____ mobile _____
email _____

name _____
address _____
_____
home phone _____ mobile _____
email _____

name _____
address _____
_____
home phone _____ mobile _____
email _____

name _____
address _____
_____
home phone _____ mobile _____
email _____

name _____
address _____
_____
home phone _____ mobile _____
email _____

name _____
address _____
_____
home phone _____ mobile _____
email _____

name _____
address _____
_____
home phone _____ mobile _____
email _____

name _____
address _____
_____
home phone _____ mobile _____
email _____

name _____

address _____

_____

home phone _____ mobile _____

email _____

name _____

address _____

_____

home phone _____ mobile _____

email _____

name _____

address _____

_____

home phone _____ mobile _____

email _____

name _____

address _____

_____

home phone _____ mobile _____

email _____

name _____

address _____

_____

home phone _____ mobile _____

email _____

name _____
address _____
_____
home phone _____ mobile _____
email _____

name _____
address _____
_____
home phone _____ mobile _____
email _____

name _____
address _____
_____
home phone _____ mobile _____
email _____

name _____
address _____
_____
home phone _____ mobile _____
email _____

name _____
address _____
_____
home phone _____ mobile _____
email _____

J

name _____
address _____
_____
home phone _____ mobile _____
email _____

name _____
address _____
_____
home phone _____ mobile _____
email _____

name _____
address _____
_____
home phone _____ mobile _____
email _____

name _____
address _____
_____
home phone _____ mobile _____
email _____

name _____
address _____
_____
home phone _____ mobile _____
email _____

J

name _____
address _____
_____
home phone _____ mobile _____
email _____

name _____
address _____
_____
home phone _____ mobile _____
email _____

name _____
address _____
_____
home phone _____ mobile _____
email _____

name _____
address _____
_____
home phone _____ mobile _____
email _____

name _____
address _____
_____
home phone _____ mobile _____
email _____

J

name _____
address _____
_____
home phone _____ mobile _____
email _____

name _____
address _____
_____
home phone _____ mobile _____
email _____

name _____
address _____
_____
home phone _____ mobile _____
email _____

name _____
address _____
_____
home phone _____ mobile _____
email _____

name _____
address _____
_____
home phone _____ mobile _____
email _____

J

name _____
address _____
_____
home phone _____ mobile _____
email _____

name _____
address _____
_____
home phone _____ mobile _____
email _____

name _____
address _____
_____
home phone _____ mobile _____
email _____

name _____
address _____
_____
home phone _____ mobile _____
email _____

name _____
address _____
_____
home phone _____ mobile _____
email _____

K

name _____
address _____
_____
home phone _____ mobile _____
email _____

name _____
address _____
_____
home phone _____ mobile _____
email _____

name _____
address _____
_____
home phone _____ mobile _____
email _____

name _____
address _____
_____
home phone _____ mobile _____
email _____

name _____
address _____
_____
home phone _____ mobile _____
email _____

Watercolour of *Rosa multiflora*. This work is one of eight studies by an unidentified Chinese artist,
early 19th century

K

name _____
address _____
_____
home phone _____ mobile _____
email _____

name _____
address _____
_____
home phone _____ mobile _____
email _____

name _____
address _____
_____
home phone _____ mobile _____
email _____

name _____
address _____
_____
home phone _____ mobile _____
email _____

name _____
address _____
_____
home phone _____ mobile _____
email _____

K

name _____
address _____
_____
home phone _____ mobile _____
email _____

name _____
address _____
_____
home phone _____ mobile _____
email _____

name _____
address _____
_____
home phone _____ mobile _____
email _____

name _____
address _____
_____
home phone _____ mobile _____
email _____

name _____
address _____
_____
home phone _____ mobile _____
email _____

L

name _____
address _____
_____
home phone _____ mobile _____
email _____

name _____
address _____
_____
home phone _____ mobile _____
email _____

name _____
address _____
_____
home phone _____ mobile _____
email _____

name _____
address _____
_____
home phone _____ mobile _____
email _____

name _____
address _____
_____
home phone _____ mobile _____
email _____

L

name _____
address _____
_____
home phone _____ mobile _____
email _____

name _____
address _____
_____
home phone _____ mobile _____
email _____

name _____
address _____
_____
home phone _____ mobile _____
email _____

name _____
address _____
_____
home phone _____ mobile _____
email _____

name _____
address _____
_____
home phone _____ mobile _____
email _____

L

name _____
address _____
_____
home phone _____ mobile _____
email _____

name _____
address _____
_____
home phone _____ mobile _____
email _____

name _____
address _____
_____
home phone _____ mobile _____
email _____

name _____
address _____
_____
home phone _____ mobile _____
email _____

name _____
address _____
_____
home phone _____ mobile _____
email _____

L

name _____

address _____

home phone _____ mobile _____

email _____

name _____

address _____

home phone _____ mobile _____

email _____

name _____

address _____

home phone _____ mobile _____

email _____

name _____

address _____

home phone _____ mobile _____

email _____

name _____

address _____

home phone _____ mobile _____

email _____

L

name _____

address _____

_____

home phone _____ mobile _____

email _____

name _____

address _____

_____

home phone _____ mobile _____

email _____

name _____

address _____

_____

home phone _____ mobile _____

email _____

name _____

address _____

_____

home phone _____ mobile _____

email _____

name _____

address _____

_____

home phone _____ mobile _____

email _____

L

name _____
address _____
_____
home phone _____ mobile _____
email _____

name _____
address _____
_____
home phone _____ mobile _____
email _____

name _____
address _____
_____
home phone _____ mobile _____
email _____

name _____
address _____
_____
home phone _____ mobile _____
email _____

name _____
address _____
_____
home phone _____ mobile _____
email _____

M

name _____
address _____
_____
home phone _____ mobile _____
email _____

name _____
address _____
_____
home phone _____ mobile _____
email _____

name _____
address _____
_____
home phone _____ mobile _____
email _____

name _____
address _____
_____
home phone _____ mobile _____
email _____

name _____
address _____
_____
home phone _____ mobile _____
email _____

M

name _____

address _____

_____

home phone _____ mobile _____

email _____

name _____

address _____

_____

home phone _____ mobile _____

email _____

name _____

address _____

_____

home phone _____ mobile _____

email _____

name _____

address _____

_____

home phone _____ mobile _____

email _____

name _____

address _____

_____

home phone _____ mobile _____

email _____

M

name _____

address _____

_____

home phone _____ mobile _____

email _____

name _____

address _____

_____

home phone _____ mobile _____

email _____

name _____

address _____

_____

home phone _____ mobile _____

email _____

name _____

address _____

_____

home phone _____ mobile _____

email _____

name _____

address _____

_____

home phone _____ mobile _____

email _____

M

Name _____
Address _____
_____
Home phone _____ mobile _____
Email _____

Name _____
Address _____
_____
Home phone _____ mobile _____
Email _____

Name _____
Address _____
_____
Home phone _____ mobile _____
Email _____

Name _____
Address _____
_____
Home phone _____ mobile _____
Email _____

Name _____
Address _____
_____
Home phone _____ mobile _____
Email _____

M

Name _____

Address _____

_____

Home phone _____ mobile _____

Email _____

Name _____

Address _____

_____

Home phone _____ mobile _____

Email _____

Name _____

Address _____

_____

Home phone _____ mobile _____

Email _____

Name _____

Address _____

_____

Home phone _____ mobile _____

Email _____

Name _____

Address _____

_____

Home phone _____ mobile _____

Email _____

Watercolour of *Hypericum* 'Rowallane' by Graham Stuart Thomas, pre 1987

N

name _____
address _____
_____
home phone _____ mobile _____
email _____

name _____
address _____
_____
home phone _____ mobile _____
email _____

name _____
address _____
_____
home phone _____ mobile _____
email _____

name _____
address _____
_____
home phone _____ mobile _____
email _____

name _____
address _____
_____
home phone _____ mobile _____
email _____

N

Name _____
Address _____
_____
Home phone _____ mobile _____
email _____

Name _____
Address _____
_____
Home phone _____ mobile _____
email _____

Name _____
Address _____
_____
Home phone _____ mobile _____
email _____

Name _____
Address _____
_____
Home phone _____ mobile _____
email _____

Name _____
Address _____
_____
Home phone _____ mobile _____
email _____

N

name _____
address _____
_____
home phone _____ mobile _____
email _____

name _____
address _____
_____
home phone _____ mobile _____
email _____

name _____
address _____
_____
home phone _____ mobile _____
email _____

name _____
address _____
_____
home phone _____ mobile _____
email _____

name _____
address _____
_____
home phone _____ mobile _____
email _____

Name _____

Address _____

_____

Home phone _____ mobile _____

Email _____

Name _____

Address _____

_____

Home phone _____ mobile _____

Email _____

Name _____

Address _____

_____

Home phone _____ mobile _____

Email _____

Name _____

Address _____

_____

Home phone _____ mobile _____

Email _____

Name _____

Address _____

_____

Home phone _____ mobile _____

Email _____

name _____
address _____
_____
home phone _____ mobile _____
email _____

name _____
address _____
_____
home phone _____ mobile _____
email _____

name _____
address _____
_____
home phone _____ mobile _____
email _____

name _____
address _____
_____
home phone _____ mobile _____
email _____

name _____
address _____
_____
home phone _____ mobile _____
email _____

name _____
address _____
_____
home phone _____ mobile _____
email _____

name _____
address _____
_____
home phone _____ mobile _____
email _____

name _____
address _____
_____
home phone _____ mobile _____
email _____

name _____
address _____
_____
home phone _____ mobile _____
email _____

name _____
address _____
_____
home phone _____ mobile _____
email _____

name _____

address _____

_____

home phone _____ mobile _____

email _____

name _____

address _____

_____

home phone _____ mobile _____

email _____

name _____

address _____

_____

home phone _____ mobile _____

email _____

name _____

address _____

_____

home phone _____ mobile _____

email _____

name _____

address _____

_____

home phone _____ mobile _____

email _____

name _____
address _____
_____
home phone _____ mobile _____
email _____

name _____
address _____
_____
home phone _____ mobile _____
email _____

name _____
address _____
_____
home phone _____ mobile _____
email _____

name _____
address _____
_____
home phone _____ mobile _____
email _____

name _____
address _____
_____
home phone _____ mobile _____
email _____

P

name _____
address _____
_____
home phone _____ mobile _____
email _____

name _____
address _____
_____
home phone _____ mobile _____
email _____

name _____
address _____
_____
home phone _____ mobile _____
email _____

name _____
address _____
_____
home phone _____ mobile _____
email _____

name _____
address _____
_____
home phone _____ mobile _____
email _____

Watercolour on paper of *Allamanda setulosa*, by Gerrit Carl Francois Schouten (1779-1839), 1832

P

name _____

address _____

_____

home phone _____ mobile _____

email _____

name _____

address _____

_____

home phone _____ mobile _____

email _____

name _____

address _____

_____

home phone _____ mobile _____

email _____

name _____

address _____

_____

home phone _____ mobile _____

email _____

name _____

address _____

_____

home phone _____ mobile _____

email _____

P

name _____
address _____
_____
home phone _____ mobile _____
email _____

name _____
address _____
_____
home phone _____ mobile _____
email _____

name _____
address _____
_____
home phone _____ mobile _____
email _____

name _____
address _____
_____
home phone _____ mobile _____
email _____

name _____
address _____
_____
home phone _____ mobile _____
email _____

P

name _____
address _____
_____
home phone _____ mobile _____
email _____

name _____
address _____
_____
home phone _____ mobile _____
email _____

name _____
address _____
_____
home phone _____ mobile _____
email _____

name _____
address _____
_____
home phone _____ mobile _____
email _____

name _____
address _____
_____
home phone _____ mobile _____
email _____

P

ame _____

dress _____

ome phone _____ mobile _____

nail _____

ame _____

dress _____

me phone _____ mobile _____

nail _____

me _____

dress _____

me phone _____ mobile _____

nail _____

me _____

dress _____

me phone _____ mobile _____

nail _____

me _____

dress _____

me phone _____ mobile _____

nail _____

Q

name _____

address _____

_____

home phone _____ mobile _____

email _____

name _____

address _____

_____

home phone _____ mobile _____

email _____

name _____

address _____

_____

home phone _____ mobile _____

email _____

name _____

address _____

_____

home phone _____ mobile _____

email _____

name _____

address _____

_____

home phone _____ mobile _____

email _____

me _____
dress _____

me phone _____ mobile _____
mail _____

me _____
dress _____

me phone _____ mobile _____
mail _____

me _____
dress _____

me phone _____ mobile _____
mail _____

me _____
dress _____

me phone _____ mobile _____
mail _____

me _____
dress _____

me phone _____ mobile _____
mail _____

R

name _____
address _____
_____
home phone _____ mobile _____
email _____

name _____
address _____
_____
home phone _____ mobile _____
email _____

name _____
address _____
_____
home phone _____ mobile _____
email _____

name _____
address _____
_____
home phone _____ mobile _____
email _____

name _____
address _____
_____
home phone _____ mobile _____
email _____

R

Name _____
Address _____
_____
Home phone _____ mobile _____
Email _____

Name _____
Address _____
_____
Home phone _____ mobile _____
Email _____

Name _____
Address _____
_____
Home phone _____ mobile _____
Email _____

Name _____
Address _____
_____
Home phone _____ mobile _____
Email _____

Name _____
Address _____
_____
Home phone _____ mobile _____
Email _____

R

name _____
address _____
_____
home phone _____ mobile _____
email _____

name _____
address _____
_____
home phone _____ mobile _____
email _____

name _____
address _____
_____
home phone _____ mobile _____
email _____

name _____
address _____
_____
home phone _____ mobile _____
email _____

name _____
address _____
_____
home phone _____ mobile _____
email _____

R

Name _____

Address _____

_____

Home phone _____ mobile _____

Email _____

Name _____

Address _____

_____

Home phone _____ mobile _____

Email _____

Name _____

Address _____

_____

Home phone _____ mobile _____

Email _____

Name _____

Address _____

_____

Home phone _____ mobile _____

Email _____

Name _____

Address _____

_____

Home phone _____ mobile _____

Email _____

S

name _____
address _____
_____
home phone _____ mobile _____
email _____

name _____
address _____
_____
home phone _____ mobile _____
email _____

name _____
address _____
_____
home phone _____ mobile _____
email _____

name _____
address _____
_____
home phone _____ mobile _____
email _____

name _____
address _____
_____
home phone _____ mobile _____
email _____

S

name _____
address _____
_____
home phone _____ mobile _____
email _____

name _____
address _____
_____
home phone _____ mobile _____
email _____

name _____
address _____
_____
home phone _____ mobile _____
email _____

name _____
address _____
_____
home phone _____ mobile _____
email _____

name _____
address _____
_____
home phone _____ mobile _____
email _____

S

name _____

address _____

_____

home phone _____ mobile _____

email _____

name _____

address _____

_____

home phone _____ mobile _____

email _____

name _____

address _____

_____

home phone _____ mobile _____

email _____

name _____

address _____

_____

home phone _____ mobile _____

email _____

name _____

address _____

_____

home phone _____ mobile _____

email _____

Illustration of *Rosa canina*, from Henry Charles Andrews's 'Roses: or a monograph of the genus *Rosa*'.
Volume 1, 1805-1828

S

name _____
address _____
_____
home phone _____ mobile _____
email _____

name _____
address _____
_____
home phone _____ mobile _____
email _____

name _____
address _____
_____
home phone _____ mobile _____
email _____

name _____
address _____
_____
home phone _____ mobile _____
email _____

name _____
address _____
_____
home phone _____ mobile _____
email _____

S

name _____

address _____

_____

home phone _____ mobile _____

email _____

name _____

address _____

_____

home phone _____ mobile _____

email _____

name _____

address _____

_____

home phone _____ mobile _____

email _____

name _____

address _____

_____

home phone _____ mobile _____

email _____

name _____

address _____

_____

home phone _____ mobile _____

email _____

T

name _____
address _____
_____
home phone _____ mobile _____
email _____

name _____
address _____
_____
home phone _____ mobile _____
email _____

name _____
address _____
_____
home phone _____ mobile _____
email _____

name _____
address _____
_____
home phone _____ mobile _____
email _____

name _____
address _____
_____
home phone _____ mobile _____
email _____

T

name _____
address _____
_____
home phone _____ mobile _____
email _____

name _____
address _____
_____
home phone _____ mobile _____
email _____

name _____
address _____
_____
home phone _____ mobile _____
email _____

name _____
address _____
_____
home phone _____ mobile _____
email _____

name _____
address _____
_____
home phone _____ mobile _____
email _____

T

name _____
address _____
_____
home phone _____ mobile _____
email _____

name _____
address _____
_____
home phone _____ mobile _____
email _____

name _____
address _____
_____
home phone _____ mobile _____
email _____

name _____
address _____
_____
home phone _____ mobile _____
email _____

name _____
address _____
_____
home phone _____ mobile _____
email _____

T

Name _____

Address _____

_____

Home phone _____ mobile _____

Email _____

Name _____

Address _____

_____

Home phone _____ mobile _____

Email _____

Name _____

Address _____

_____

Home phone _____ mobile _____

Email _____

Name _____

Address _____

_____

Home phone _____ mobile _____

Email _____

Name _____

Address _____

_____

Home phone _____ mobile _____

Email _____

T

name _____
address _____
_____
home phone _____ mobile _____
email _____

name _____
address _____
_____
home phone _____ mobile _____
email _____

name _____
address _____
_____
home phone _____ mobile _____
email _____

name _____
address _____
_____
home phone _____ mobile _____
email _____

name _____
address _____
_____
home phone _____ mobile _____
email _____

T

Name _____
Address _____
_____
Home phone _____ mobile _____
Email _____

Name _____
Address _____
_____
Home phone _____ mobile _____
Email _____

Name _____
Address _____
_____
Home phone _____ mobile _____
Email _____

Name _____
Address _____
_____
Home phone _____ mobile _____
Email _____

Name _____
Address _____
_____
Home phone _____ mobile _____
Email _____

U

Name _____

Address _____

_____

Home phone _____ mobile _____

Email _____

Name _____

Address _____

_____

Home phone _____ mobile _____

Email _____

Name _____

Address _____

_____

Home phone _____ mobile _____

Email _____

Name _____

Address _____

_____

Home phone _____ mobile _____

Email _____

Name _____

Address _____

_____

Home phone _____ mobile _____

Email _____

U

name _____
address _____
_____
home phone _____ mobile _____
email _____

name _____
address _____
_____
home phone _____ mobile _____
email _____

name _____
address _____
_____
home phone _____ mobile _____
email _____

name _____
address _____
_____
home phone _____ mobile _____
email _____

name _____
address _____
_____
home phone _____ mobile _____
email _____

V

ame _____
ddress _____
_____
ome phone _____ mobile _____
mail _____

ame _____
ddress _____
_____
ome phone _____ mobile _____
mail _____

ame _____
ddress _____
_____
ome phone _____ mobile _____
mail _____

ame _____
ddress _____
_____
ome phone _____ mobile _____
mail _____

ame _____
ddress _____
_____
ome phone _____ mobile _____
mail _____

V

name _____
address _____

home phone _____ mobile _____
email _____

name _____
address _____

home phone _____ mobile _____
email _____

name _____
address _____

home phone _____ mobile _____
email _____

name _____
address _____

home phone _____ mobile _____
email _____

name _____
address _____

home phone _____ mobile _____
email _____

name _____

address _____

_____

home phone _____ mobile _____

mail _____

name _____

address _____

_____

home phone _____ mobile _____

mail _____

name _____

address _____

_____

home phone _____ mobile _____

mail _____

name _____

address _____

_____

home phone _____ mobile _____

email _____

name _____

address _____

_____

home phone _____ mobile _____

email _____

name _____
address _____
_____
home phone _____ mobile _____
email _____

name _____
address _____
_____
home phone _____ mobile _____
email _____

name _____
address _____
_____
home phone _____ mobile _____
email _____

name _____
address _____
_____
home phone _____ mobile _____
email _____

name _____
address _____
_____
home phone _____ mobile _____
email _____

Hand-coloured engraved plate entitled *Veronica derwentia* by Henry Andrews from 'The Botanist's Repository, for New, and Rare Plants', 1797-1812

name _____
address _____
_____
home phone _____ mobile _____
email _____

name _____
address _____
_____
home phone _____ mobile _____
email _____

name _____
address _____
_____
home phone _____ mobile _____
email _____

name _____
address _____
_____
home phone _____ mobile _____
email _____

name _____
address _____
_____
home phone _____ mobile _____
email _____

Y

name _____

address _____

_____

home phone _____ mobile _____

email _____

name _____

address _____

_____

home phone _____ mobile _____

email _____

name _____

address _____

_____

home phone _____ mobile _____

email _____

name _____

address _____

_____

home phone _____ mobile _____

email _____

name _____

address _____

_____

home phone _____ mobile _____

email _____

Y

name _____
address _____
_____
home phone _____ mobile _____
email _____

name _____
address _____
_____
home phone _____ mobile _____
email _____

name _____
address _____
_____
home phone _____ mobile _____
email _____

name _____
address _____
_____
home phone _____ mobile _____
email _____

name _____
address _____
_____
home phone _____ mobile _____
email _____

Z

Name _____
Address _____
_____
Home phone _____ mobile _____
Email _____

Name _____
Address _____
_____
Home phone _____ mobile _____
Email _____

Name _____
Address _____
_____
Home phone _____ mobile _____
Email _____

Name _____
Address _____
_____
Home phone _____ mobile _____
Email _____

Name _____
Address _____
_____
Home phone _____ mobile _____
Email _____

page 2: Ink drawing of *Iris unguicularis* (*Iris stylosa*) by Graham Stuart Thomas, pre 1987
page 3: Ink drawing of *Helleborus niger* by Graham Stuart Thomas, pre 1987

First published in 2020 by Frances Lincoln Publishing,
an imprint of The Quarto Group.
The Old Brewery, 6 Blundell Street
London, N7 9BH, United Kingdom
www.QuartoKnows.com

© 2020 Quarto Publishing plc
Illustrations are from the RHS Lindley Collections.
Text and illustrations © 2020 the Royal Horticultural Society and printed under licence
granted by the Royal Horticultural Society, registered charity number 222879/SC038262.
An interest in gardening is all you need to enjoy being a member of the RHS.
For more information visit our website: rhs.org.uk

ISBN: 978-0-7112-4735-2

Design by Sarah Pyke

Printed in China

1 2 3 4 5 6 7 8 9 10

MIX
Paper from
responsible sources
FSC® C008047